Ciranda Cultural

Dados Internacionais de Catalogação na Publicação (CIP) de acordo com ISBD

B236c   Barbieri, Paloma Blanca Alves

101 curiosidades - Música / Paloma Blanca Alves Barbieri ; ilustrado por Shutterstock. – Jandira, SP : Ciranda Cultural, 2021.
32 p. ; 15,5cm x 22,6cm. – (101 curiosidades)

ISBN: 978-65-5500-772-5

1. Literatura infantojuvenil. 2. Curiosidades. 3. Música. I. Shutterstock. II. Título. III. Série.

2021-1942
CDD 028.5
CDU 82-93

Elaborado por Vagner Rodolfo da Silva - CRB-8/9410

Índice para catálogo sistemático:
1. Literatura infantojuvenil 028.5
2. Literatura infantojuvenil 82-93

© 2021 Ciranda Cultural Editora e Distribuidora Ltda.
Produção: Ciranda Cultural
Texto: Paloma Blanca Alves Barbieri
Preparação: Ana Paula Uchoa
Revisão: Cleusa S. Quadros e Karine Ribeiro
Diagramação: Coletivo Editoriall
Imagens: Shutterstock.com
(Legenda: S=Superior, I=Inferior, M=Meio, E=Esquerda, D=Direita)
Capa=SE=Suchat Siriboot; SD=RemarkEliza; ME=Kozlik; M=IhorL; MD=Serhii Zavalnyi; IE=Forrest9; ID=Soonios Pro
Miolo = 6/S = Dimitrios P; 7/E = Thoom; 7/D = Tupungato; 8/S = xavier gallego morell; 8/M = TandemBranding; 9/M = Naci Yavuz; 10/S = Michelle Lee Photography; 10/I = Kraft74; 11/S = Megin; 11/M = Gerson Fortes; 12/S = Lunatta; 13/S = Michael R Brown; 14/M = Dan Kosmayer; 14/I = Ralf Liebhold; 15/M = Featureflash Photo Agency; 15/I = Ian Francis; 16/S = Andrea Raffin; 16/I = Kathy Hutchins; 17/M = ako photography; 17/I = User-i5; 18/M = Prachaya Roekdeethaweesab; 19/M = Andre Luiz Moreira; 19/I = A.PAES; 20/M = A.PAES; 20/I = A.PAES; 21/M = catwalker; 21/I = Joao PS Vieira; 22/S = Jamen Percy; 22/M = Mlle Sonyah; 23/M = Domenico Fornas; 23/I = Chendongshan; 24/S = Iuliia Stepashova; 24/M = emka74; 24/I = paparazzza; 25/E = Kraft74; 25/M = Lenscap Photography; 26/S = Kathy Hutchins; 26/I = Andre_MA; 27/S = Kathy Hutchins; 27/I = Silvia Elizabeth Pangaro; 28/S = Raggedstone; 28/I = Ruben Gutierrez Ferrer; 29/S = Andre Luiz Moreira; 29/I = ll.studio; 30/S = Barandash Karandashich; 31/M = Marcelo Castier;

1ª Edição em 2021
3ª Impressão em 2023
www.cirandacultural.com.br
Todos os direitos reservados. Nenhuma parte desta publicação pode ser reproduzida, arquivada em sistema de busca ou transmitida por qualquer meio, seja ele eletrônico, fotocópia, gravação ou outros, sem prévia autorização do detentor dos direitos, e não pode circular encadernada ou encapada de maneira distinta daquela em que foi publicada, ou sem que as mesmas condições sejam impostas aos compradores subsequentes.

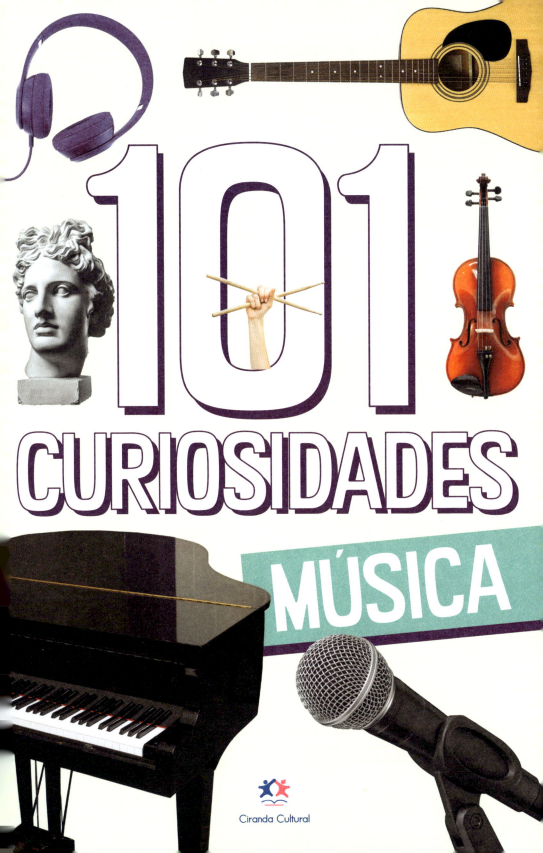

101 CURIOSIDADES MÚSICA

Ciranda Cultural

SUMÁRIO

HISTÓRIA DA MÚSICA 6-7

CURIOSIDADES MUSICAIS 8-9

RITMOS FAMOSOS 10-11

OS INSTRUMENTOS 12-13

GRANDES NOMES DA MÚSICA 14-17

MAIORES MÚSICOS BRASILEIROS 18-21

EFEITOS MILAGROSOS
22-23

TOP 7 DAS MÚSICAS
24-25

GRANDIOSAS PREMIAÇÕES
26-27

PRINCIPAIS EVENTOS
28-29

RECORDES CURIOSOS E IMPRESSIONANTES
30-31

GLOSSÁRIO MUSICAL
32

HISTÓRIA DA MÚSICA

1 PRIMEIROS SONS

Desde a Pré-História, os seres humanos produzem sons com base no que ouvem na natureza, como os trovões, o barulho das ondas e o barulho do vento balançando as árvores. Tais ruídos, porém, ainda não eram vistos como uma expressão musical propriamente dita.

O deus grego Apolo.

2 CRIADA PELOS DEUSES?

Em diversas culturas, como a egípcia e a mesopotâmica, a música era muito presente como elemento religioso. No Egito Antigo, por exemplo, por volta de 4 mil a.C., acreditava-se que a música era uma forma de arte inventada pelos deuses Thoth e Osíris para civilizar o mundo. Nesse período, eram usados diversos instrumentos, como harpas, flautas e de percussão.

3 O NOME DAS NOTAS

Os nomes das notas musicais como conhecemos hoje foram dados por um monge italiano chamado Guido de Arezzo, nascido no fim do século X. Ele utilizou um hino em louvor a São João Batista, do qual foram aproveitadas as primeiras sílabas de cada estrofe, com exceção das notas si – que foi nomeada a partir das iniciais de *Sancte Iohannes* (São João) – e dó –, que foi nomeada em uma revisão do sistema musical, realizada no século XVII.

4 MATEMÁTICA E MÚSICA

Pitágoras foi quem estabeleceu uma relação entre a matemática e a música, descobrindo assim as notas e os intervalos musicais. O filósofo grego dizia que "o universo era uma escala ou um número musical cuja própria existência se devia à sua harmonia".

5 MOUSIKĒ

Na Grécia Antiga, a cultura musical funcionava como um elo entre os homens e as divindades. A palavra "música" provém do grego, *mousikē*, que significa "a arte das musas". As musas eram ninguém menos que as deusas que guiavam e inspiravam as ciências e as artes.

6 MÚSICA NA IDADE MÉDIA

Durante a Idade Média, a Igreja Católica exercia bastante influência na sociedade europeia, ditando a conduta moral, social, política e artística a ser seguida, e a música era parte importante das missas. No século VI, por exemplo, o papa Gregório estabeleceu as regras para o canto que deveria ser entoado na Igreja, sem acompanhamento instrumental, que deu origem ao *canto gregoriano*.

7 MÚSICA DURANTE A DITADURA MILITAR BRASILEIRA

Além de ser um instrumento de manifestação cultural e um recurso para ritos religiosos, a música também pode ter finalidade política. Um grande exemplo é a produção musical durante a ditadura militar brasileira, que ocorreu de 1964 a 1985. Na época, muitos músicos contestavam a ditadura por meio da música, como Chico Buarque com a canção *Apesar de Você*.

CURIOSIDADES MUSICAIS

QUANTIDADE DE NOTAS 8

Ao contrário do que se acredita, há mais do que apenas 7 notas musicais. Além das já conhecidas dó, ré, mi, fá, sol, lá e si, existem mais 5 que ficam entre as notas naturais (exceto entre mi/fá e si/dó) e são chamadas de acidentadas ou alteradas. Para entender melhor, basta pensar nas **teclas de um piano**. As teclas brancas são as notas naturais; já as pretas são as acidentadas, ou semitons, porque estão meio tom acima ou abaixo das notas naturais. Subindo do dó em direção ao si, as notas acidentadas à direita são chamadas sustenidas (representadas pelo símbolo #). Descendo do si em direção ao dó, as acidentadas à esquerda são chamadas bemóis (representadas pelo símbolo ♭).

CANTO DIFÔNICO 9

Você sabia que uma pessoa, enquanto canta, pode produzir dois ou mais sons simultaneamente? Essa técnica vocal chamada de canto difônico, teve origem com o povo mongol e é hoje muito difundida na Ásia Central. Ela é realizada ao se manipular as cavidades bucais para a produção dos sons. O resultado é algo muito diferente.

VOCAL GUTURAL 10

O vocal gutural é uma técnica muito usada no *rock*. Com o diafragma, a respiração e os sons distorcidos produzidos pelas pregas vocais e pela laringe, essa técnica produz um som grave, rouco e um tanto agressivo. Ela é muito usada pelas bandas de estilo *death metal*, *metalcore*, *deathcore* e *thrash metal*.

OUVIDO ABSOLUTO
11

Estudos apontam que uma em cada 10 mil pessoas tem a capacidade de identificar uma nota musical corretamente. Essa habilidade é chamada de ouvido absoluto e não se restringe apenas às notas musicais, mas também a sons de modo geral. Possuem ouvido absoluto as pessoas que interpretam fenômenos auditivos do lado esquerdo do cérebro, local onde os sons são processados e que também é bem desenvolvido em músicos.

VIBRAÇÃO DO SOM
12

Para que os sons aconteçam, é preciso que algo "vibre" um certo número de vezes no tempo de 1 segundo (Hertz). Para o ser humano, "som" corresponde a uma vibração que ocorre entre 20 a 20 mil vezes em um segundo. Essa quantidade de hertz muda no caso dos animais. Os elefantes, por exemplo, sentem vibrações a partir de 12 vezes por segundo, e as baleias, a partir de 8. Isso indica que eles podem ouvir certos sons que nós, seres humanos, não conseguimos.

FREQUÊNCIA HERTZ
13

Hertz (Hz) é uma unidade que mede a frequência de uma vibração por segundo. Quando a frequência da vibração é baixa, o som é chamado de grave (como o trovão). Já quando a frequência é alta, o som é agudo (como o apito). Se usarmos o violão como exemplo, veremos que a corda mais grossa tem o som grave, vibrando a 82 Hz; já a corda mais fina possui um som bem agudo, pois vibra a 330 Hz.

14

OUTRA NOMENCLATURA

No universo musical, dificilmente encontraremos as notas populares escritas tal como a conhecemos, pois elas costumam ser representadas de outra maneira: por letras. Assim, dó, ré, mi, fá, sol, lá e si são, da maneira anglo-saxônica, C, D, E, F, G, A e B, respectivamente.

VOCÊ SABIA?

A palavra Hertz é uma homenagem ao físico alemão **Heinrich Rudolf Hertz**, que descreveu esse fenômeno pela primeira vez.

RITMOS FAMOSOS

A MELANCOLIA DO BLUES — 15

O *blues* é um gênero musical que surgiu no século XIX, no Sul dos Estados Unidos. Esse estilo musical é resultado da mistura da cultura africana com a ocidental.
A palavra *blues* se refere a algo triste e melancólico, e os escravizados costumavam expressar suas emoções por meio de canções.

A IMPROVISAÇÃO DO JAZZ — 16

Como o *blues* e inspirado por ele, o *jazz* também surgiu na região de Nova Orleans; só que um pouco depois, no início do século XX. Oriundo da cultura afro-americana, o *jazz* é um estilo marcado pela criatividade, liberdade e improvisação. Antes de se tornar o que é hoje, o *jazz* gerou muitos subgêneros ao longo dos anos, como o *swing*, o *bebop*, o *soul jazz* e o *fusion jazz*.

REIS DO *POP* — 17

O gênero musical *pop* é derivado do *rock*, mas teve forte influência de outros estilos musicais populares, como o *jazz*, o *soul* e o *country*. O *pop* começou a se desenvolver a partir dos anos 1930, mas somente vinte anos depois, em 1950, que ganhou evidência. Nos anos 1980, dois grandes nomes do gênero se destacaram e são admirados até hoje: **Michael Jackson** e Madonna. Ambos fizeram tanto sucesso na época que ganharam o título de rei e rainha do *pop*.

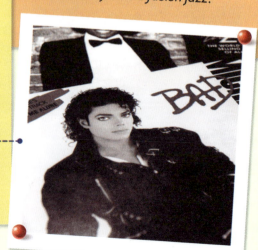

10

18 A POESIA DO RAP

O *rap*, termo que significa *rhythm and poetry* (ritmo e poesia, em português), surgiu na Jamaica em 1960, e dez anos depois chegou aos bairros mais carentes de Nova Iorque, nos Estados Unidos. No *rap*, o texto importa mais do que a melodia; afinal, como o próprio nome já indica, a letra é uma forma de poesia.

19 UM GÊNERO RURAL

A música *country* surgiu nos anos 1920, na zona rural do Sul e do Sudeste dos Estados Unidos. Estados como Tennessee, Virgínia e Kentucky foram os que mais abraçaram o estilo musical na época. O grande sucesso do *country*, além do ritmo, deve-se provavelmente à sua bagagem afro-americana, ao seu forte caráter religioso e, é claro, à sua forte relação com o meio rural.

20 MPB: SÍMBOLO NACIONAL

A Música Popular Brasileira (MPB) surgiu na década de 1960, durante o período da ditadura militar no Brasil. Esse estilo é posterior à bossa nova, movimento musical brasileiro do qual recebeu bastante influência. A MPB trouxe ao Brasil um novo conceito de "música nacional", e um de seus ícones é o cantor e compositor Chico Buarque.

21 UM SAMBA ENVOLVENTE

O **samba** é um gênero musical alegre e de cadência envolvente que surgiu na Bahia, no século XIX, mas se desenvolveu no Rio de Janeiro a partir do século XX. Fruto da mistura entre a música africana (com seus famosos batuques) e a europeia (com estilos como polca, valsa e mazurca), o samba se tornou um símbolo nacional. Por sua tamanha importância para a cultura popular brasileira, a Unesco decretou o samba de roda como Patrimônio Imaterial da Humanidade, em 2005.

OS INSTRUMENTOS

22 UMA FAMÍLIA DIFERENTE

Os instrumentos musicais são agrupados em famílias, segundo a classificação de Hornbostel-Sachs, usada no mundo todo. São elas: os *aerofones*, cujo som se dá pela vibração da passagem de ar (o saxofone, o trompete, a flauta e a sanfona, por causa de seu sistema, alimentado por ar); os *membranofones*, que produzem som ao receberem batidas na "pele" que têm esticada sobre si (o tambor, o pandeiro e a zabumba); os *cordofones*, cujo som é produzido pelo manusear de cordas (o violão, a harpa, o violino e... o piano! Sim! O **piano** é considerado um cordofone porque tem, em seu interior, um sistema de cordas esticadas que produzem o som quando as teclas são tocadas); os *idiofones*, cujo som é produzido pelo próprio corpo do instrumento (o xilofone, o triângulo e o cajón); e os *eletrofones*, que produzem som eletricamente, como o teclado e a guitarra elétrica.

23 UM VIOLINO VALIOSO

Um dos instrumentos mais caros do mundo é um violino construído pelo *luthier* italiano Antonio Stradivari, considerado um dos maiores fabricantes de violinos do mundo. O instrumento custa 3,5 milhões de dólares. Além do preço, o violino também é famoso por sua idade — já tem mais de um século — e por ter pertencido a diversos violinistas ao redor mundo todo.

24 GUITARRA MICROSCÓPICA

Um dos menores instrumentos do mundo é uma guitarra. Criada em 1997 por pesquisadores da Universidade de Cornell, nos Estados Unidos, a guitarra pode ser vista apenas com o auxílio de um microscópio e, surpreendentemente, é tocável. Para manusear e executar algumas notas, é necessário usar uma micropinça, além de ter ótima coordenação motora.

UM INSTRUMENTO LITERALMENTE GRANDIOSO

25

O maior instrumento musical do mundo mede 14 mil metros quadrados. Criado por Leland W. Sprinkle, um matemático americano, o *Great Stalacpipe Organ* (ou Órgão de Estalactites), como é conhecido, é um órgão elétrico construído na caverna de Luray, nos Estados Unidos. O impressionante tamanho do instrumento é resultado de sua junção com as formações rochosas da caverna.

CORDAS INUSITADAS

27

O violão é um instrumento muito conhecido e tocado no mundo todo. Mas ele nem sempre teve o formato, as cordas e os sons que conhecemos hoje, sabia?! O instrumento, que tem origem árabe, além de um "parentesco" com o alaúde, já recebeu diversos tipos de cordas ao longo da história. Uma das mais curiosas são aquelas utilizadas nos primórdios do instrumento, pois eram feitas de tripa de animais.

FLAUTA PRÉ-HISTÓRICA

26

Com idade que pode chegar a 82 mil anos, um dos instrumentos mais antigos do mundo é uma flauta de osso e marfim. Com mais de 22 centímetros de comprimento, a flauta, dentre outros instrumentos, foi encontrada em cavernas localizadas na região Sudoeste da Alemanha, na Europa. Acredita-se que a asa de um abutre e as presas de um mamute tenham sido usadas para a confecção do instrumento.

TOCANDO SEM TOCAR

28

Já imaginou tocar um instrumento musical sem nem mesmo tocar nele? Pode parecer estranho, mas o teremim funciona desta maneira. Criado em 1920 pelo russo Lev Sergeivitch Termen, é um instrumento eletrônico composto por duas antenas, sendo que uma controla o volume, e a outra, a frequência (as notas). Para produzir os sons com esse instrumento, é muito simples: basta posicionar e mover as mãos sobre as antenas, sem tocá-las.

GRANDES NOMES DA MÚSICA

29 O MÚSICO QUE NÃO OUVIA

Ludwig van Beethoven é um dos principais nomes da música clássica. Muitas de suas composições foram eternizadas e estão presentes até hoje, seja na versão original, seja adaptadas a novos gêneros musicais. Muito se sabe sobre sua obra, mas poucos sabem que o compositor perdeu grande parte de sua audição gradativamente, entre os 20 e os 50 anos. Como não tinha nascido surdo, a memória auditiva de Beethoven o ajudou a continuar compondo e criando obras maravilhosas.

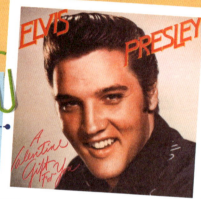

30 O REI DO ROCK

Elvis Aaron Presley, ou simplesmente **Elvis Presley**, é, sem dúvidas, um dos músicos mais famosos de todos os tempos. Considerado o Rei do *Rock*, ele nasceu em 1935, no estado do Mississipi, nos Estados Unidos. Ao longo de sua carreira, gravou aproximadamente 600 músicas, porém, não foi o autor de nenhuma delas.

31 A BATIDA DOS BESOUROS

The Beatles foi uma das bandas que cativou pessoas do mundo todo. Formada pelos músicos John Lennon, Paul McCartney, George Harrison e Ringo Starr, a banda surgiu em 1960. Há muitas versões sobre o nome do grupo, mas se acredita que sua inspiração tenha vindo de um filme e que seja um trocadilho com a palavra batida (*beat*) e besouro (*beatle*). A banda foi uma das primeiras da história a produzir vídeos musicais de suas canções, algo muito comum atualmente.

SUCESSO DOS ROLLING STONES

32

Diferentemente do estilo formal da banda The Beatles, uma das características principais dos Rolling Stones era o fato de serem exóticos, com seus cabelos longos e roupas estravagantes. Nascida em 1962, a banda inglesa de *rock* é uma das mais famosas do gênero, com diversos *singles* (músicas de trabalho de um artista) emplacados nas paradas de sucesso. Curiosamente, a canção *Satisfaction* foi gravada sem muita pretensão pelo grupo, mas fez tanto sucesso que acabou se tornando uma das músicas mais conhecidas da banda.

GÊNIO MUSICAL

33

O músico e produtor britânico **Elton John** é um dos maiores ícones da música *pop* internacional. Nascido em 1947, o cantor conquistou o mundo com suas letras e melodias marcantes. Elton mostrou talento para música desde cedo, pois aprendeu a tocá-las apenas ouvindo, sem partituras ou cifras. Tamanha é sua genialidade que um de seus grandes sucessos, *Your Song*, foi composto em apenas 10 minutos.

O LADO ESCURO DA LUA

34

A banda de *rock* britânica Pink Floyd nasceu em 1965 e é conhecida pelo seu estilo de *rock* psicodélico e progressivo. Dos muitos discos de sucesso, o que mais se destaca é **Dark Side of the Moon**, lançado em 1973. O sucesso do disco foi tanto que ficou na parada musical Billboard 200 por mais de 940 semanas, um recorde na História da música. O título do álbum, que significa "Lado Escuro da Lua", é uma metáfora para o lado escuro do ser humano, ou o lado que não mostramos para ninguém.

ESCADARIA PARA O PARAÍSO

35

Led Zeppelin é outra banda inglesa de *rock* que alcançou sucesso mundial. Um de seus discos mais aclamados chama-se apenas "Led Zeppelin IV" e traz a música *Stairway to Heaven* ("Escadaria para o Paraíso", em português), considerada um marco na História do *rock* no século XX. O sucesso da canção é tanto que ela conquistou o 30º lugar na lista das 500 melhores músicas de todos os tempos, feita pela revista *Rolling Stone*.

15

GRANDES NOMES DA MÚSICA

36 MÚSICOS DIPLOMADOS

Fundada em 1970, a banda Queen foi uma das mais marcantes da História da música, com *singles* memoráveis como *Bohemian Rhapsody*, *We Will Rock You* e *I Want to Break Free*. Além de músicos geniais, os integrantes da banda eram todos formados, e em diversas áreas, como design gráfico, ciências biológicas e engenharia eletrônica. O guitarrista **Brian May**, por exemplo, é PhD em astrofísica e chegou a colaborar com as pesquisas da NASA.

37 UM REI FILANTROPO

Michael Jackson é, sem dúvidas, uma das maiores referências da música *pop* — talvez a principal. Considerado o rei desse gênero musical, ele possui diversos feitos e recordes. Seu álbum *Thriller* é um dos mais famosos e foi o mais vendido no mundo, com um total de 130 milhões de cópias. Fora do ambiente musical, o cantor entrou para o Livro dos Recordes como o artista que mais apoiou obras de caridade, com doações que chegaram a 500 milhões de dólares, destinadas a mais de 30 organizações diferentes.

38 RAPPER RECORDISTA

O *rapper* americano **Eminem** é recordista no número de palavras pronunciadas em uma única música. Em 2013, ele lançou a canção *Rap God*, pronunciando 1.560 palavras em 6 minutos e 4 segundos, ou seja, uma média de 4 palavras por segundo. Em 2020, Eminem conseguiu a façanha de quebrar seu próprio recorde com sua obra--prima *Godzilla*. Nessa canção, o rapper pronuncia uma média de 7,6 palavras por segundo.

DA PENSILVÂNIA PARA O MUNDO

39

A cantora *pop* **Taylor Swift** é uma das grandes representantes da música *country* atualmente, além de uma das cantoras mais bem pagas dos últimos anos. A artista, nascida na Pensilvânia, foi a primeira cantora de música *country* a ganhar o prêmio de melhor clipe feminino no *Video Music Awards* (VMA). Além disso, bateu outro recorde por ser a cantora mais jovem a receber o maior prêmio de música dos Estados Unidos: o *American Music Awards*.

UMA ARTISTA MUITO PREMIADA

40

Uma das grandes vozes dos anos 1980, Whitney Houston é uma das cantoras mais premiadas de todos os tempos. Sua vocação para a música é provada em números: ao longo de sua carreira, recebeu mais de 400 premiações (atrás apenas de Michael Jackson e Beyoncé). Além disso, ela é a única artista do mundo a emplacar sete *singles* consecutivos nas paradas de sucesso nos Estados Unidos.

A RAINHA DO *POP*

41

Ídolo da música *pop*, **Madonna** iniciou sua carreira musical em 1982, quando lançou seu primeiro álbum, que carregava nada mais que seu nome. Dois anos depois, a cantora lançou seu segundo álbum, *Like a Virgin*, que foi o mais vendido nos Estados Unidos no ano de 1985. Até o momento, Madonna acumula cerca de 300 premiações em sua carreira.

PODER VOCAL INVEJÁVEL

42

A cantora Mariah Carey é conhecida pela sua incrível capacidade vocal, que alcança 5 oitavas. Para que você tenha noção desse poder de voz, grandes cantoras como Jessie J e Fergie atingem um pouco mais de 2 oitavas.

MAIORES MÚSICOS BRASILEIROS

43 PARABÉNS A VILLA-LOBOS

O músico, compositor e maestro carioca **Heitor Villa-Lobos** foi um dos grandes representantes da música clássica brasileira. Autodidata, começou a estudar música e a tocar instrumentos aos 6 anos de idade e, com apenas 13, fez sua primeira composição musical. Com uma longa carreira na área da música, Villa-Lobos deixou mais de 700 composições e, por ser um dos grandes expoentes musicais brasileiros, o dia em que nasceu (5 de março) passou a ser, a partir de 2009, o Dia Nacional da Música Clássica.

44 PAI DO CHORO

Além de ser um dos lendários músicos brasileiros, Pixinguinha foi um dos principais responsáveis por apresentar o chorinho ao mundo. Após retornar de uma turnê pela França com *Os Oito Batutas*, do qual fazia parte, o grupo foi convidado para um evento no qual seria homenageado. Ao chegar lá, porém, o compositor teve de entrar pela porta dos fundos, simplesmente por ser negro. Pixinguinha lamentou o ocorrido e, mais tarde, usou o episódio para compor uma de suas composições mais conhecidas: *Lamentos*. Isso que é dar a volta por cima!

45 AQUARELA MUSICAL

Nascido em 1903, o músico Ary Barroso foi um dos grandes nomes da música brasileira. Em 1939, ele compôs a canção *Aquarela do Brasil*, uma das músicas brasileiras mais famosas no exterior. Em uma visita ao território brasileiro, o cineasta Walt Disney conheceu a canção e se encantou por ela, tanto que a escolheu como trilha sonora do seu filme de animação *Alô, Amigos*.

VOCÊ SABIA?
No exterior, a canção *Aquarela do Brasil* ficou conhecida como *Brazil*.

GRANDE NOME DA MPB

46

Vinicius de Moraes foi um dos artistas que trouxeram grande contribuição para a MPB. Conhecido como "Poetinha", desde criança, o compositor fazia jus ao seu apelido, pois demonstrava grande interesse pela poesia. Além de ser o autor de grandes composições como *Garota de Ipanema*, *Chega de Saudade* e *Eu Sei Que Vou Te Amar*, Moraes também reúne muitos trabalhos na área da poesia, do teatro e da prosa.

UM CANTOR EXPERIENTE

47

Agenor de Oliveira, o Cartola, também é um dos grandes nomes do chorinho e do samba no Brasil. Suas composições eram tão boas que ele chegou a ser interpretado por nomes de peso, como Carmem Miranda. Para aprimorar cada vez mais as letras de suas músicas e deslanchar na carreira de compositor, o artista passou a ler poemas e romances, tendo grande influência de Castro Alves e Gonçalves Dias. Embora tivesse muito talento para a música, Cartola apenas ganhou destaque em carreira solo aos 66 anos de idade, quando gravou seu primeiro disco.

REI NACIONAL

48

Nascido no Espírito Santo, **Roberto Carlos Braga**, ou Rei Roberto Carlos, como é popularmente conhecido, é o músico de MPB que mais vendeu discos no Brasil. Ele passou pelo samba, pela bossa nova e pelo *rock*, até se tornar um músico famoso por seu estilo romântico. As composições do Rei foram as mais regravadas por artistas brasileiros. Além disso, muitas das canções que ele já interpretou (*Como Vai Você* e *Detalhes*, por exemplo) estão gravadas na memória de todos os brasileiros.

UM CANTOR CRÍTICO E PREMIADO

49

Um dos ícones da música brasileira, **Caetano Veloso** é conhecido por, além de ser um grande artista, ter opiniões fortes e críticas sobre diversos temas, especialmente de caráter político e social. Ao longo de sua carreira, ele recebeu vários prêmios, como *Grammy Award: Melhor Álbum de World Music* (2000), *Grammy Latino: Melhor Álbum de Cantor* (2007, 2009 e 2013), *Grammy Latino para Personalidade do Ano* (2012) e *Grammy Latino: Melhor Canção Brasileira* (2014). Entre suas músicas de destaque estão *Sozinho*, *Leãozinho*, *Você é Linda* e *Sampa*.

19

MAIORES MÚSICOS BRASILEIROS

50 TOQUINHO E SEU HINO DA INFÂNCIA

Antonio Pecci Filho, popularmente conhecido como Toquinho, é um dos grandes compositores e violinistas do Brasil. Além de possuir mais de 100 composições, feitas em parceria com grandes artistas como Vinicius de Moraes, ele é autor de grandes sucessos infantis, como a clássica *Aquarela,* que foi gravada em 1983 e se tornou um verdadeiro hino da infância.

52 MPBUARQUE

Chico Buarque é um dos maiores nomes da MPB. Em suas inúmeras composições, as críticas e denúncias sociais se fazem sempre presente, razão esta que deve ter contribuído para o grande sucesso de suas canções. Embora seja um dos principais representes da música brasileira, curiosamente, quando jovem, o artista tinha preferência pela música internacional. Todavia, após ouvir o disco *Chega de Saudade* (1959), de João Gilberto, ele descobriu que queria seguir na MPB. Sorte a nossa!

51 DO NORDESTE PARA O BRASIL

Alceu Paiva Valença é um dos compositores nordestinos de maior sucesso no Brasil. De Pernambuco, ele ganhou importantes prêmios nacionais, além de indicações ao *Grammy*. Uma de suas grandes contribuições para a música nacional foi a introdução da guitarra elétrica na música nordestina. Dentre as composições famosas de Alceu, destacam-se *Tropicana* e *Coração Bobo.*

DO BRASIL PARA O MUNDO

53

Tom Jobim foi um dos responsáveis por tornar a Música Popular Brasileira conhecida no exterior, principalmente graças à canção *Garota de Ipanema*, que foi escrita por ele em parceria com Vinicius de Moraes. Em grande parte de suas canções, o compositor e cantor enaltecia temas como o amor, a natureza, os costumes do Brasil e o Rio de Janeiro, sua cidade natal.

PAI DA BOSSA NOVA

54

João Gilberto foi um aclamado cantor, compositor e violonista brasileiro, sendo considerado um dos expoentes da bossa nova, um famoso movimento da música popular brasileira, originado nos anos 1950. Seu álbum *Chega de Saudade* é um dos mais famosos, pois foi ele quem apresentou ao Brasil esse novo estilo musical, marcado por um acompanhamento diferente e característico do violão, e com influências do samba e do *jazz*.

UMA ARTISTA MUITO EXÓTICA

55

Muito lembrada por seu estilo exótico e pelo famoso chapéu de frutas, **Carmen Miranda** foi uma grande cantora, atriz e dançarina que nasceu em Portugal, mas veio ainda muito pequena para o Brasil, tendo crescido aqui. Sua desenvoltura na música e no palco lhe rendeu grande fama nacional e mundial. Uma curiosidade impressionante da artista é que ela foi a primeira sul-americana a receber uma estrela na Calçada da Fama em Hollywood, 1941.

REI DO BAIÃO

56

Luiz Gonzaga foi um grande músico e um dos maiores representantes dos ritmos nordestinos, como o baião, o xote e o xaxado, muito populares atualmente. *Asa Branca*, sua música mais famosa, feita em parceria com o compositor Humberto Teixeira, foi gravada em 1947 e se tornou um tipo de hino para os nordestinos. Grande sanfoneiro, cantor e compositor, ele ganhou o apelido de "Rei do Baião".

EFEITOS MILAGROSOS

57
AS PLANTAS TAMBÉM OUVEM

Estudiosos sul-coreanos realizaram uma pesquisa com música e plantas, cujos resultados foram surpreendentes. Eles constataram que a música clássica tem o poder de estimular o crescimento das plantas. Não se sabe a relação exata que a música exerce nesse processo, mas, aparentemente, os sons estimulam os genes de crescimento das plantas. Incrível, não é mesmo?

58
TERAPIA MUSICAL

A musicoterapia utiliza a música para causar diferentes estímulos nos pacientes e tem sido bastante utilizada no tratamento de doenças mentais, transtornos neurológicos (Mal de Parkinson, Alzheimer) e distúrbios da fala. Embora tenha surgido em 1944, nos Estados Unidos, alguns papiros médicos egípcios datados de 1.500 a.C. indicam que a terapia já era muito usada para estimular a fertilização de mulheres.

59
ALIADO NA CONCENTRAÇÃO

Um estudo realizado pela Universidade de Caen, na França, comprovou que estudar ouvindo música melhora a capacidade de concentração do estudante e, consequentemente, ajuda na absorção de novos conhecimentos. Mas atenção: dependendo do estilo de música escolhido, o resultado pode ser o oposto. Por isso, para estudar, nada melhor do que optar por músicas clássicas ou instrumentais.

CHEGA DE DOR! 60

Dentre os inúmeros benefícios de se escutar música, há um que impressiona: sua capacidade de diminuir a dor. Isso mesmo, estudos realizados por pesquisadores mexicanos afirmam que ouvir música diariamente pode diminuir a dor crônica, além dos sintomas de depressão e ansiedade. Afinal, quando ouvimos música, liberamos endorfinas, que são verdadeiros analgésicos naturais.

ADEUS, ESTRESSE! 61

As propriedades relaxantes da música foram objeto de estudo científico de um artigo do periódico *Southern Medical Journal*, que explica que a música influencia diretamente no sistema nervoso, causando efeitos fisiológicos. Além disso, quando se toca um instrumento, os resultados são potencializados por causa da conciliação da escuta com a atividade tátil e motora. Ou seja, independentemente do tipo de música, ouvir, tocar, dançar ou cantar uma canção pode trazer benefícios milagrosos.

DE ARREPIAR... 62

Sabe aquele arrepio que você sente ao ouvir uma música marcante? Pelo menos 50% das pessoas já passaram por isso. De acordo com cientistas, a música influencia no sistema de recompensa do cérebro, provocando a liberação de neurotransmissores, como a dopamina. Quando estamos prestes a ouvir o ponto culminante de uma canção, muitos neurotransmissores são liberados, causando o famoso arrepio. E você, já sentiu um arrepio ao ouvir alguma música?

EFEITO ANIMAL 63

Além de trazer benefícios para a saúde do ser humano, a música também é ótima para o bem-estar de animais de estimação. Uma pesquisa realizada na Universidade de Glasgow, na Escócia, mostrou que, ao serem expostos à música, os bichinhos ficam mais calmos e seus batimentos cardíacos desaceleram. No caso dos caninos, comprovou-se ainda que eles se acalmam mais quando ouvem *reggae* e *soft rock*. Interessante, não?!

TOP 7 DAS MÚSICAS

SMELLS LIKE TEEN SPIRIT, DO NIRVANA

64

Smells Like Teen Spirit foi uma das grandes canções de sucesso da banda Nirvana. Com tanta notoriedade, a música levou o álbum *Nevermind* para o topo das listas de vendas em 1992, alcançando o 6º lugar na Billboard Hot 100. Considerada uma das músicas mais representativas do *grunge*, subgênero do *rock* alternativo surgido no fim dos anos 1980, ela explora questões como alienação social, revolta e liberdade.

65

IMAGINE, DE JOHN LENNON

Lançada em 1971, *Imagine* é uma das mais famosas músicas de **John Lennon**, e permanece até hoje na memória de ouvintes do mundo todo. A canção chegou a atingir o primeiro lugar nas paradas dos Estados Unidos e da Inglaterra na época, mas continua sendo ouvida e permanece atual, afinal ela aborda temas relativos às causas sociais e aos problemas do mundo contemporâneo.

66

ONE, DE U2

Composta por The Edge e **Bono**, a música surgiu em aproximadamente 15 minutos, em um momento de improvisação e em meio a um desentendimento entre a banda sobre qual caminho musical deveriam seguir. Hoje, além de ser uma das maiores músicas da banda, todos os direitos da canção foram destinados a campanhas de lutas contra a aids.

24

67 BILLIE JEAN, DE MICHAEL JACKSON

Billie Jean foi uma das músicas de Michael Jackson que chegaram ao topo das paradas, sendo responsável por impulsionar o famoso álbum *Thriller*, o mais vendido de todos os tempos. Além disso, a música, que conta uma experiência do cantor com uma fã que o perseguia alegando ser mãe de um filho seu, foi a escolhida para apresentar o lendário movimento do cantor: o *Moonwalk*. Já viu esse passo?

68 BOHEMIAN RHAPSODY, DO QUEEN

Bohemian Rhapsody é com certeza uma das músicas que ficará para sempre guardada na memória e no coração dos fãs da banda **Queen**. Uma verdadeira obra-prima, que mistura *rock*, ópera e outras referências, a canção de longos 6 minutos foi eleita a música do século XX mais ouvida na internet. Isso que é recorde!

69 HEY JUDE, DOS BEATLES

Lançada em 1968, *Hey Jude* foi o *single* de maior sucesso dos **Beatles**. A música, que tem mais de 7 minutos, chegou ao topo das paradas em 11 países e vendeu mais de 8 milhões de cópias desde seu lançamento. Escrita por Paul McCartney, a letra surgiu como forma de consolar Julian Lennon, que estava enfrentando a separação de seus pais, Cynthia e John Lennon. Esse fato pode ser percebido no trecho "*Hey Jude, don't make it bad, take a sad song and make it better…*", que traduzido seria "Ei, Jude, não fique mal, pegue uma canção triste e torne-a melhor…".

70 LIKE A ROLLING STONE, DE BOB DYLAN

Like a Rolling Stone, lançada em 1965, foi uma canção que marcou a carreira de Bob Dylan. Por tocar tantas pessoas, a revista *Rolling Stone* a considerou como a melhor música de todos os tempos. Cheia de metáforas e comparações, a letra continha 20 páginas antes de chegar à sua versão resumida e atual. Além disso, ela resultou na publicação de um livro chamado *Like a Rolling Stone: Bob Dylan na encruzilhada*.

GRANDIOSAS PREMIAÇÕES

GRAMMY AWARDS 71

Maior e mais antigo prêmio musical do mundo, o *Grammy Awards* teve sua primeira edição em 1959. Assim como acontece no Oscar, os vencedores não são escolhidos por influência do público. A decisão depende de um júri especialista da *Recording Academy* (organização de músicos e produtores musicais). O evento já premiou grandes artistas, como Madonna, Beyoncé e U2, mas o maior recordista da premiação é o maestro húngaro Georg Solti, que detém 31 prêmios.

72 MTV VIDEO MUSIC AWARDS (VMA)

Um dos maiores prêmios da música americana, o VMA foi criado em 1984 com o objetivo de homenagear os melhores cantores e videoclipes do ano. As três maiores vencedoras da premiação são grandes artistas da música *pop*, Beyoncé, Madonna e Lady Gaga, com 24, 20 e 13 vitórias, respectivamente.

PRÊMIO DA MÚSICA BRASILEIRA 73

Criado em 1987, o Prêmio da Música Brasileira é uma das principais premiações do Brasil. O título de maior recordista do prêmio pertence à cantora baiana **Maria Bethânia**, que possui nada mais, nada menos, do que 23 estatuetas. O segundo e terceiro lugares são de Alcione, com 21, e Caetano Veloso, com 19.

GRAMMY LATINO

74

Criado em 2000, o *Grammy Latino* visa a premiar artistas latinos de sucesso mundial. Geralmente, a maioria dos ganhadores é de origem hispânica, ou seja, falantes nativos da língua espanhola, mas alguns brasileiros já foram premiados também, como é o caso de Caetano Veloso e Gilberto Gil. Dentre os principais vencedores da premiação estão o trio porto-riquenho Calle 13, com 28 estatuetas, e o cantor Juanes, com 25.

75

BRIT AWARDS

Maior premiação do Reino Unido, o *BRIT Awards* é uma espécie de *Grammy* britânico. O evento acontece desde 1977, mas se tornou anual a partir de 1982. Ele é voltado para cantores de origem britânica, porém, há uma categoria direcionada para personalidades internacionais. O grande ícone e recordista do *BRIT Awards* é Robbie Williams. O cantor, que detém 17 prêmios no total (como artista solo e como parte do grupo Take That), não corre o risco de perde esse título tão cedo.

E! PEOPLE'S CHOICE AWARDS

76

O *E! People's Choice Awards* é uma premiação americana que homenageia os principais artistas da cultura *pop*, tanto da música quanto de outras áreas do entretenimento, como cinema, TV e internet. A premiação anual acontece desde 1975, em Los Angeles, e, diferentemente de outras premiações, o voto popular é quem decide os vencedores.

77

KOREAN MUSIC AWARDS (KMA)

A *Korean Music Awards* é uma importante premiação da Coreia do Sul, considerada um tipo de *Grammy* coreano. Lançado em 2004, o evento conta com mais de 20 categorias, incluindo *Álbum* e *Canção do Ano*. O grupo de K-Pop **BTS** que, apesar da provável limitação do idioma coreano, conseguiu conquistar fãs a nível mundial, foi um dos vencedores da edição de 2021, na categoria *Melhor Canção*.

PRINCIPAIS EVENTOS

GLASTONBURY FESTIVAL OF CONTEMPORARY ARTS 78

O *Glastonbury*, evento da Inglaterra, é um dos mais antigos festivais em atividade até os dias de hoje. Realizado ano após ano desde 1970, o *Glastonbury* é conhecido como o segundo maior festival a céu aberto do mundo. Famoso por suas atrações musicais, o evento também conta com apresentações de dança e teatro.

SUMMERFEST 79

Summerfest é um dos maiores festivais de todos os tempos. Com 11 dias de duração, 11 palcos e mais de 800 *shows* realizados nesse período, não é por menos que o evento entrou para o Livro dos Recordes como "o maior festival do mundo". Organizado em Milwaukee, nos Estados Unidos, o festival atrai cerca de 900 mil pessoas por ano!

TOMORROWLAND 80

Quando o assunto é música eletrônica, o evento *Tomorrowland* é uma referência. De origem belga, o festival nasceu no ano de 2005 em Boom, uma pequena cidade da Bélgica que tem menos de 20 mil habitantes. Atualmente, o evento ocorre na Bélgica e na França. Mas a edição de 2015 foi realizada no Brasil, na cidade de Itu, e contou com a participação de mais de 180 DJs e 180 mil pessoas.

ROCK IN RIO

81

O *Rock In Rio*, maior festival de música do mundo, nasceu na cidade do Rio de Janeiro. A primeira edição ocorreu em 1985 e contou com um público de 1 milhão e 380 mil pessoas. Esse número enorme foi resultado da participação de grandes bandas, como Queen, Iron Maiden, AC/DC, Scorpions e muitas outras. Apesar da origem brasileira, o evento ocorre em outros países também. No total, o *Rock In Rio* teve 20 edições: 8 no Brasil, 8 em Portugal, 3 na Espanha e 1 nos Estados Unidos.

FUJI ROCK FESTIVAL

82

O *Fuji Rock Festival* é um dos maiores festivais de música do Japão. Ele tem esse nome porque sua primeira edição, em 1997, foi realizada na base do Monte Fuji. Em 1998, ele foi organizado em Tóquio e, desde 1999, ocorre na cidade de Niigata. O evento possui 3 dias de duração e já contou com nomes de peso do *rock* mundial, como Bob Dylan e Red Hot Chilli Peppers.

MONTREUX JAZZ FESTIVAL

83

Realizado na beira do Lago Léman, na cidade de Montreux, na Suíça, o *Montreux Jazz Festival* é considerado o mais antigo e duradouro festival de todos. Afinal, ele data de 1967. O evento já teve a presença de grandes nomes do *jazz*, como Nina Simone, Bob Dylan, Ella Fitzgerald e Bill Evans. Além disso, nos palcos do festival, grandes artistas brasileiros se destacaram. É o caso de Elis Regina, Gilberto Gil, Milton Nascimento e Caetano Veloso.

LOLLAPALOOZA

84

Um dos festivais de maior destaque mundial, o *Lollapalooza* é realizado em diferentes partes do planeta. Nascido em Chicago, nos Estados Unidos, o evento possui edições ocorridas no Brasil, no Chile, na Argentina, na França e, é claro, nos Estados Unidos. O evento, que surgiu em 1991, tem como objetivo trazer bandas de *rock* alternativo, *heavy metal*, *punk rock*, *grunge*, entre outros, além de enaltecer novos artistas.

RECORDES CURIOSOS E IMPRESSIONANTES

MÃOS RÁPIDAS 85

Tiago Della Vega, nascido em 1984, é um talentoso guitarrista brasileiro. Já foi considerado o guitarrista mais rápido do mundo, alcançando a incrível marca de 750 BPM (batidas por minuto). Tiago também já foi considerado um dos 70 mestres da guitarra brasileira pela revista *Rolling Stone Brasil*.

UMA MÚSICA MUITO LONGA... 86

A música mais longa do mundo não possui a duração de algumas horas, mas, sim, de anos: 639, precisamente. Criada pelo músico norte-americano John Cage, a música começou a ser tocada em setembro de 2001 na Igreja de St. Burchardi, na cidade alemã de Halberstadt, e seguirá tocando até o ano de 2640. Titulada como *As Slow as Possible*, a canção é produzida por um órgão, cujas notas tocadas mudam ao longo dos anos.

POUCO MAIS DE 1 SEGUNDO 87

A música mais curta do mundo possui apenas 1 segundo e 31 décimos. Composta em 1987 pela banda de metal inglesa Napalm Death, a canção se chama *You Suffer*. Assim como a melodia, a letra da canção é curtíssima e possui apenas quatro palavras: "*You Suffer... but, why?*" (Você sofre... Mas por quê?).

MAIS VENDIDOS 88

Um dos artistas brasileiros com maior número de vendas é o cantor Roberto Carlos. Não é à toa que ele é considerado o Rei! Estima-se que o cantor possua mais de 140 milhões de discos vendidos. Outros cantores que compartilham o pódio de vendas com ele são dois grandes expoentes da música brasileira: Nelson Gonçalves, com 75 milhões de vendas, e a cantora Angela Maria, com 60 milhões.

UM TÍTULO MUITO, MUITO EXTENSO

89

Não é muito convencional usar títulos extensos em nome de álbuns de música, mas um grupo britânico quis inovar nessa área. De acordo com o Livro dos Recordes, o maior título de álbum pertence à banda Chumbawamba. Seu 13º disco, lançado em 2018, contém nada mais, nada menos, do que 156 palavras e mais de 700 caracteres. Impossível citá-lo aqui, afinal, o nome do álbum ocuparia o lugar de duas curiosidades.

DAS ANTIGAS

90

A música mais antiga do mundo tem 3.400 anos de idade. Ela se chama *Hino Hurrita nº 6* e foi composta quase no fim da civilização mesopotâmica, como um poema acompanhado à lira, em tributo à deusa Nikkal. A música foi descoberta onde atualmente é o território da Síria, no Oriente Médio. Apesar da idade, essa música ainda é tocada nos dias de hoje.

MAIOR PÚBLICO DA HISTÓRIA

91

O maior recorde de público em um show aconteceu em solo nacional. Isso mesmo, no Brasil. Realizado na praia de Copacabana, no Rio de Janeiro, o *show* gratuito apresentado pelo britânico Rod Stewart, em 1994, contou com a presença de 3,5 milhões de pessoas, entrando para o Livro dos Recordes como o maior show gratuito de *rock*.

GLOSSÁRIO MUSICAL

92 ALTURA
A altura do som classifica a frequência das ondas sonoras, ou seja, o número de vibrações por segundo. Sons de baixa frequência são considerados como graves, enquanto os de alta são chamados de agudos.

95 MELISMA
Melisma é uma técnica em que o cantor cria um trecho melódico utilizando 5 ou mais notas em uma mesma sílaba, estendendo e embelezando o trecho cantado. São as famosas "voltinhas" e firulas com a voz, que cantoras como Mariah Carey, Beyoncé e Jessie J executam em suas canções.

98 WHISTLE REGISTER
Traduzido literalmente como "registro de apito", trata-se de uma técnica vocal superdifícil que lembra um assobio ou o som de um apito, e é o registro mais agudo que a voz humana pode alcançar! A cantora Mariah Carey usa esse ornamento vocal como ninguém!

99 FALSETE
Palavra derivada do italiano *falsetto*, falsete significa "tom falso" e é um recurso vocal em que o cantor consegue emitir sons mais agudos ou mais graves do que sua voz natural é capaz de produzir.

93 A CAPELLA
A expressão *a capella* é usada para indicar uma música que é executada apenas com a voz do cantor ou ainda com a voz acompanhada de outros sons feitos com a boca.

96 LUTHIER
Palavra de origem francesa, *luthier* designa o profissional que tem como ofício a construção artesanal de instrumentos.

97 PENTAGRAMA
Também conhecido como pauta, o pentagrama é aquele conjunto de 5 linhas horizontais e paralelas, com quatro espaços, onde os sinais musicais são escritos.

100 VIBRATO
O vibrato é um tipo de enfeite que pode ser usado no instrumento (violino, violoncelo) ou na voz. Esse ornamento nada mais é que um tipo de tremido. Há mais de um tipo de vibrato na voz, e ele pode ser notado em vários estilos, do erudito ao *pop*.

94 TIMBRE
Timbre é a característica peculiar e única que distingue sons diferentes de mesma nota, seja vocal ou instrumental. Quando ouvimos uma melodia, podemos facilmente distinguir qual instrumento está sendo usado ou os diferentes tipos de voz, caso cantada. Isso é possível porque, apesar de tocarem as mesmas notas, cada instrumento e cada pessoa possui um timbre diferente.

101 AS VOZES FEMININAS
As mulheres que alcançam notas mais graves são chamadas de contralto, já as que alcançam as notas mais agudas são conhecidas por soprano. As que tem uma voz entre o grave e o agudo são chamadas de meio--soprano (do italiano, *mezzo-soprano*).